ALPHABET

ILLUSTRÉ

ALPHABET

ILLUSTRÉ

CINQUANTE VIGNETTES

DESSINÉES PAR KARL GIRARDET ET WERNER

GRAVÉES PAR PIAUD

TOURS

A^d MAME ET Cie, IMPRIMEURS-LIBRAIRES

1851

1re LEÇON

A B C

D E F

G H I J

K L M

1re LEÇON

A B C

D E F

G H I J

K L M

N O P

Q R S

T U V

X Y Z

2ᵉ LEÇON.

a b c d e

f g h i j

k l m n o

p q r s t

u v x y z

3ᵉ LEÇON.

a b c d e

f g h i j

k l m n o

p q r s t

u v x y z

4ᵉ LEÇON.

— 9 —

— 7 —

5ᵉ LEÇON.

Ane.

Brebis.

Chien.

Daim.

Écureuil.　　Fouine.

Geai.　　Hippopotame.

Ibis.

Jaguar.

Kamichi.

Lion.

Marmotte.   **N**octurne.
(Chauve-Souris.)

Oiseau-mouche.   **P**igeon.

Quadrupède.
(Cheval.)

Renne.

Souris et Rat.

Taupe.

VaUtour.   LynX..

HYène.   Zèbre.

6ᵉ LEÇON.

[Exiger seulement des enfants qu'ils trouvent eux-mêmes les syllabes dans lesquelles la lettre A sonne franchement, et leur dire les autres syllabes du mot. Les syllabes qu'il faut leur dire sont en *italique*.]

A

Ba ba

Ba la *din*

Ba ra *que*

Ba sa *ne*

A ba ta *ge*

Ca ma ra *de*

Ca ra *fe*

Ca ba *ne*

Ca la *mi té*

Ca na *ri*

Ca ra *co ler*

Ca sa *que*

Ca ta *rac te*

Da da

Da *me*

Da *van* ta *ge*

Fa ça *de*

Ga ba *re*

Ga na *che*

Ha *ri* cot

Ha *sard*

Ja *bot*

La va *ge*

La za *re*

Ma *man*

Ma la *de*

Ma ta *mo* *re*

Na *ger*

Na ta *ti* *on*

An na

Sa la *de*

Sa va *te*

Ta ba *tiè* re

Ta *lon*

Ta pa *ge*

Va *che*

Va ga *bond*

Va ga *bon* da *ge*

7ᵉ LEÇON.

[Dans cette leçon, on exigera de l'enfant qu'il trouve les syllabes où l'A et l'E sonnent franchement. On lui dira les autres syllabes.]

E

Bé né *di ci* té

Bé né *fi ce*

Bé *nir*

Vé *ri* té

Mé *chant*

Dé *so* lé

Ché *ri*

É té

Pâ té

Pro pri é té

Fé *li ci* té.

Ré pé *ter*

Dé *fi* lé

Té mé *ri* té

Cé *ci* té

Dé *bal* la *ge*

Gé né *ro si* té

Fa *ci li* té

Fé *ro ci* té

Hé *ron*

Hé *li ce*

Hé ré *di* té

Hé *ri* ta *ge*

Lé *gu me*
Mé *di* ca *ment*
Mé *tal*
Mé ca *ni que*
Pé la *ge*
Pé da *go gue*
Pé *li* can
Pè *le ri* na *ge*
Ré cré a *ti on*

Sé da *tif*
Sé na *teur*
Té mé *rai re*
Vé né ra *ti on*
Vé té *ran*

8ᵉ LEÇON.

[Exiger que l'enfant trouve lui-même la syllabe où les lettres A — E — I sonnent franchement.]

I Y

Bi ri bi

Bi *set*

Bi *son*

Ci ra *ge*

Cy près
Ci *re*
Ci ta di *ne*
Ci té
Ci vi li té
Di gi ta *le*
Di mi *nu tif*
Di vi ni té
Fi dé li té

Fi la *teur*

Hi *bou*

Hi la ri té

I ta li *e*

Li bé ra li té

Li ma *çon*

Li vi di té

Mi né ra *lo* gi *e*

Mi ra *cu* *leux*

Mi ra *bel le*

Pi *lo te*

Pi *lo* ta *ge*

Pi na *cle*

Pi ra *te*

Ri ca *ner*

Ri di *cu le*

Ri va *ge*

Py ra mi *de*

My ri a mè *tre*

My ri a *gram me*

9ᵉ LEÇON.

[Exiger de l'enfant qu'il trouve lui-même les syllabes où les lettres A—E—I—Y—O sonnent franchement.]

O

Bo bo
Bo ca *ge*
Bo ta ni *que*
Co li *que*

Co lo *nel*
Do do
Do di na *ge*
Do mi ni *cain*
Do mi no
Ho no *rer*
Lo ca li té
Lo to
Lo *pin*

Mo na co
Mo no po *de*
Mo no lo *gue*
Mo no pé ta *le*
Mo ri *bond*
Do mi ni *cal*
No ta bi li té
No vi *ce*
No va *teur*

Lo go gri *phe*
Hô pi *tal*
Fo ra *ge*
To lé *ran ce*
Ton na *ge*
To po gra phi *e*
To ta li té
Vo ra ci té
Vo ca li *ser*

Vo ci fé *rer*
Vo mi *que*
Pi co *ter*
Po li
Po li *ce*
Po li chi *nel le*
Po ly go *ne*
Po sé
Ro sa li *e*

Ro *ton de*

Ro *ton* di té

Rô ti

So ci a bi li té

So li da ri té

So na *te*

Sy no *de*

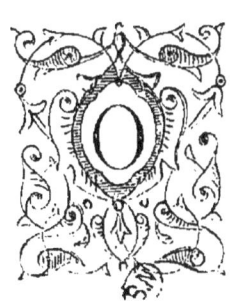

10ᵉ LEÇON.

[Exiger de l'enfant qu'il trouve lui-même toutes les syllabes où une des voyelles sonne franchement.]

U

Bu *che*

Bu *reau*

Bi **tu** **me**

Bu **ba** *le*

Bu *tor*

Cu bi que

Sy co mo re

Cu pi di té

Cu ra *tif*

Du *re* té

Du *vet*

Du ca *ton*

Du ra *ble*

Fu *tur*

Fu *sain*

Fu né *rai* re

Fu té

Hu *meur*

Hu mi di té

Ju *ment*

Ju *ge*

Ju bi lé

Ju *pon*
Ju pi *ter*
Lu mi *nai* re
Lu na ti *que*
Lu ti *ner*
Nu a *ge*
Nu mé ro
Nu mé ra ti *on*
Pu *ce*

Pu *nir*

Ru *de*

Ru mi *ner*

Ru sé

Su *cre*

Sû *re* té

Tu li *pe*

Tu bé *reu se*

Tu ni *que*

Ri di cu *le*

Tu té *lai* re

Vu

Re çu

11ᵉ LEÇON.

SUR LES ACCENTS

[Aigu, Grave, Circonflexe].

Pâ-te   Prê-tre
Pâ-té   Gî-te
É-lè-ve   Vô-tre
Pro-cès   Nô-tre
A-pô-tre   Fê-te
Dé-vot   Ac-cès

Ché-ri-e ché-ri-es
Ce-ri-se ce-ri-ses
Frai-se frai-ses
An-ge an-ges
Ca-rot-te
Ca-rot-tes
Pro-fon-de
Pro-fon-des

13ᵉ LEÇON.

SUR LES DIPHTHONGUES.

Dieu   Pier-re
Vieux   Sei-ze
Mien   Peau
Tien   Oi-seau
Sien   Cour-sier
Fier-té   Beau-té

Pain · · · · · · Puis-sant
Oie · · · · · · Quin-ze
Feu · · · · · · Tour-ner
Au-tour Fe-nouil
Or-teil Des-sein
Ail · · · · · · Mail-let
Cou-ra-geux
Che-vreuil
La-bo-ri-eux

É-ven-tail
Stu-di-eux
Il ai-me-rait
Ils bâ-ti-raient
Ils chan-te-raient
Il gam-ba-de-rait
Ils dor-mi-raient
Il dan-se-rait
Ils se bat-traient

Rhyth-me
Asth-me
Sphinx
Thlas-pi

A LECTURES a
COURANTES

A‑bri‑co‑ti‑er

C'est l'ar–bre sur

le-quel pous-sent
ces bons a-bri-cots
que le pe-tit Hen-
ri ai-me tant.

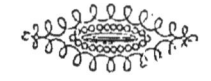

B b

Ba-teau

Vois ce pe-tit Ba-

teau. C'est ce-lui de Tho-mas le pê-cheur. Il va je-ter son fi-let pour pren-dre des pois-sons.

C c

Car-pe

Voi-ci main-te-nant un gros pois-son que Tho-mas a pris. C'est u-ne Car-pe. Il la vend à u-ne cui-si-ni-è-re.

D d

Di-man-che

Le Di-man-che

est un jour de pri-
è-re et de re-pos.
Voi-là u-ne pe-ti-te
qui va à la mes-se
a-vec sa ma-man.

E e

É·vê·que

Voi·ci trois pe·tits

en-fants aux-quels mon-sei-gneur l'É-vê-que don-ne sa bé-né-dic-ti-on. C'est sans dou-te par-ce qu'ils ont é-té bien sa-ges et par-ce qu'à l'é-gli-se ils ne tour-nent pas la tê-te.

F f

Fu - sil

Ces deux en-fants

2*

re-gar-dent le Fu-sil de leur pa-pa; mais ils n'y tou-chent pas. Leur pa-pa leur a dé-fen-du d'y tou-cher. Le Fu-sil est char-gé, et ils pour-raient se tu-er en le pre-nant.

G g

Gâ-teau

Oh! le beau Gâ-

teau que cet-te ma-
man ap-por-te à
ses en-fants! Il faut
qu'ils aient é-té
bien sa-ges, et qu'ils
aient lu leur le-çon
sans fai-re la plus
pe-ti-te fau-te.

H h

Hon-te

Ju-li-en a l'air

tout hon-teux; il bais-se la tê-te et pleu-re. C'est par-ce que sa ma-man le gron-de. Il a dé-chi-ré sa blou-se et ta-ché son pan-ta-lon a-vec de l'en-cre.

I i

Im-pru-den-ce

Les pe-tits im-prudents ! les voy-ez-vous jou-er a-vec les ra-soirs de leur pa-pa, qui vient de se fai-re la bar-be ? Pe-tits drô-les, re-met-tez bien vi-te ces ra-soirs sur la ta-ble.

J j

Jar-di-ni-er

Cet-te i-ma-ge

re-pré-sen-te un Jar-di-ni-er et un pe-tit gar-çon. Le pe-tit gar-çon re-gar-de com-ment il fait pour ap-pren-dre à bé-cher son pe-tit jar-din.

K   k

Ka-ka-to-es

Oh! le jo-li Per-

ro-quet! Bon-jour, Jac-quot! Si je n'a-vais pas peur de ton gros bec cro-chu, je te ca-res-se-rais. Sais-tu par-ler? dis-moi donc quelque cho-se.

— 73 —

L   l

La·veu·se

Il fait bien froid. Cet-te

3

ma-man et sa fil-le ont un man-teau et un man-chon pour ca-cher leurs mains. Et ce pen-dant cet-te La-veu-se, à ge-noux au bord de la ri-vi-è-re, est ob-li-gé-e, pour ga-gner sa vi-e, de te-nir tou-te la jour-né-e ses mains dans l'eau gla-cé-e. La pau-vre fem-me !

— 75 —

M m

Mou-ton

Quand on pen-se, dit Anna, que c'est a-vec la lai-ne d'un Mou-ton com-me ce-lui-ci que l'on a fait ma bel-le ro-be de mé-ri-nos! Ma-man m'a ex-pli-qué ce-la l'au-tre jour, et bien d'au-tres cho-ses en-co-re.

N n

Nè-gre

Cet hom-me tout noir est

un Nè-gre. Les Nè-gres ha-bi-tent les pays les plus chauds de la ter-re. Ce-lui-ci est en ce mo-ment oc-cu-pé à cou-per u-ne es-pè-ce de grands ro-seaux d'où l'on ti-re le su-cre. Aus-si ap-pel-le-t-on ces ro-seaux can-nes à su-cre. Ces can-nes crois-sent dans le pays des Nè-gres.

O o

Ours

Al-lons, dan-se, Mar-tin!

Voi-là ce que dit cet hom-me qui tient un bâ-ton à la main. Aus-si-tôt l'Ours se dres-se sur ses pat-tes de der-ri-è-re et se pro-mè-ne en tour-nant. Tu as beau fai-re le gen-til, mon-sieur l'Ours, tu au-ras tou-jours l'air d'un gros lour-daud.

P p

Pri-è-re

Re-gar-dez bien ces deux

en-fants. C'est le frè-re et la sœur; a-vant de se cou-cher ils se sont mis à ge-noux de-vant leur lit, et ils font leur pri-è-re du soir. Le bon Dieu les en-tend et leur ac-cor-de-ra ce qu'ils lui de-man-dent. Ils lui de-man-dent ce soir d'ê-tre bien sa-ges de-main.

Q q

Que-nouil-le

Vous fi-lez donc tou-jours,

la mè-re Ma-thu-rin? Dam! mes pe-tits en-fants, il le faut bien, puis-que je suis trop vieil-le pour fai-re au-tre cho-se d'u-ti-le. Quand j'é-tais jeu-ne com-me vous, je jou-ais; a-près j'ai tra-vail-lé bien fort dans les champs; main-te-nant je gar-de la mai-son, et je fi-le. Au re-voir, mè-re Ma-thu-rin.

R r

Ra - quet - te

Char - les vient de manquer son coup. Le vo-lant est tom-bé par ter-re. Oh! le grand mal-a-droit, dit sa sœur! La pe-ti-te fil-le a tort, car tout à l'heu-re c'est el-le qui lais-se-ra tom-ber le vo-lant, et Char-les se mo-que-ra d'el-le à son tour.

S s

Se - rin

Voi-ci u-ne gran-de ca-ge

où il y a beau-coup de jo-lis oi-seaux : deux se-rins, trois char-don-ne-rets, un pin-son, et d'au-tres petits oi-seaux dont je vous di-rai le nom u-ne au-tre fois. Ils chan-tent, ils sif-flent, ils ga-zouil-lent tous à la fois. Oh! les vi-lains ta-pa-geurs! Chan-tez donc les uns a-près les au-tres!

T t

Tam-bour

Ra-ta-plan! ra-ta-plan!

Voi-là les Tam-bours de la gar-de na-ti-o-na-le qui pas-sent. Oh! le beau Tam-bour ma-jor, a-vec sa can-ne dont la pom-me de cui-vre do-ré re-lu-it au so-leil! Il pa-raît bien con-tent de son cha-peau à plu-mes et de son ha-bit ga-lon-né sur tou-tes les cou-tu-res.

U u

U-si-ne

On ap-pel-le U-si-ne u-ne

gran-de fa-bri-que. Vo-yez-vous ces ou-vri-ers, ces ma-chi-nes, cet-te gran-de roue qui tour-ne, ces four-neaux al-lu-més?

V v

Va-che

Sa-vez - vous ce que fait

cet-te fem-me as-si-se à cô-té de cet-te Va-che blan-che? El-le la trait. Quand son pot se-ra plein, el-le le por-te-ra chez el-le, et fe-ra u-ne bon-ne sou-pe au lait pour le dé-jeu-ner de son pe-tit gar-çon qui l'at-tend sans pleu-rer.

— 95 —

X x

Xy·lo·gra·phi·e

C'est au moy-en de la Xylo-gra-phi-e que l'on a fait tou-tes les bel-les i-ma-ges qui sont dans ce li-vre. El-les ont d'a-bord é-té dé-cou-pé-es sur u-ne ta-blet-te de buis, en-sui-te im-pri-mé-es sur le pa-pier.

Y y

Yo-le

Vous voy-ez dans cet-te

3*

i-ma-ge deux en-fants, le frè-re et la sœur, que leur pa-pa pro-mè-ne sur la ri-vi-è-re dans un pe-tit ba-teau très-é-troit et très-lé-ger, que l'on ap-pel-le u-ne Yo-le.

Z   Z

Zi-be-li-ne

Vois-tu, Ma-ri-e, ce pe-tit

a-ni-mal avec son mu-seau poin-tu et son corps très-al-lon-gé ? C'est u-ne Mar-tre-Zi-be-li-ne. C'est avec la peau des Zi-be-li-nes que l'on fait les plus beaux man-chons. On re-con-naît leur four-ru-re en ce que le poil res-te cou-ché du cô-té où on le met.

CHIFFRES

1	2	3	4	5
un	deux	trois	quatre	cinq
6	7	8	9	0
six	sept	huit	neuf	zéro

Avec ces dix Chiffres, qu'on appelle Chiffres arabes, on peut écrire tous les nombres imaginables.

1	Un
2	Deux
3	Trois
4	Quatre

5   Cinq
6   Six
7   Sept
8   Huit
9   Neuf
0   Zéro

―Paul, quelle heure est-il?

―Maman, je n'en sais rien.

―Regarde à la pendule.

―Maman, c'est que je ne connais pas ces chiffres-là.

—Ce sont des Chiffres romains; les voici :

I	...	1
II	...	2
III	...	3
IV	...	4
V	...	5
VI	...	6
VII	...	7
VIII	...	8
IX	...	9
X	...	dix
XI	...	onze
XII	...	douze.

(Midi ou Minuit.)

PRIÈRE

Notre Père qui êtes aux cieux, que votre nom soit sanctifié; que votre règne arrive; que votre volonté soit faite sur la terre comme au ciel : donnez-nous aujourd'hui notre pain quotidien ; et pardonnez-nous nos offenses, comme nous pardonnons à ceux qui nous ont offensés; et ne nous laissez pas succomber à la tentation, mais délivrez-nous du mal. Ainsi soit-il.

FIN.

www.ingramcontent.com/pod-product-compliance
Lightning Source LLC
Chambersburg PA
CBHW070249100426
42743CB00011B/2191